Les pins à cônes épineux sont les plus vieux arbres du monde.

Les feuilles coriaces et piquantes éloignent les insectes.

Jeunes aiguilles

Pommes sauvages

La feuille de l'épicéa, dure et pointue comme une aiguille, reste sur l'arbre toute l'année.

Très peu de jeunes plants donnent des arbres.

Plants de hêtres

Cochon cherchant de succulentes faines sous un hêtre

LES ARBRES

LINDA GAMLIN

Traduit de l'anglais par
JEAN DELAMARE

SEUIL

UN LIVRE DORLING KINDERSLEY

Responsables de l'édition originale
Jodi Block, Thomas Keenes, Susan Downing,
Susan McKeever, Djinn von Noorden,
Catherine Semark, Roger Phillips,
Theresa Greenaway

Réalisation de l'édition française
Graphisme & Illustrés, Seuil

Révision scientifique
Fabien Raimbault

Titre original : *Eyewitness Explorers, Trees*

Imprimé en Italie
Dépôt légal : octobre 1993. N° 17353
ISBN : 2-02-017353-0
(Édition originale : ISBN 0-7513-6000-7)

Loi 49-956 du 16 juillet 1949
sur les publications destinées à la jeunesse.

Table des matières

Observer les arbres

Si tu décrivais un ami, tu parlerais de ses cheveux, de ses yeux, de ses vêtements et de sa taille. Un arbre se décrit de la même façon : feuilles, fleurs, rameaux, écorce… Observe aussi comment il se développe, dans quelle direction vont les branches et où sont les plus grandes.

Parentés

En observant un arbre, tu peux découvrir ses liens de parenté. Les fleurs du cytise *laburnum* sont semblables à celles des pois et des haricots : ces plantes sont de la même famille.

Une feuille de cytise est composée de trois folioles, comme le trèfle.

Au printemps, des grappes de fleurs jaunes pendent de l'arbre.

Les gousses du cytise contiennent des graines noires vénéneuses. N'en mange pas !

Formes

Les arbres ont une grande variété de formes. Le vent et le degré d'exposition au soleil ont une influence, mais la forme générale est toujours la même. Chaque arbre a une forme précise.

Forme arrondie – hêtre

Branches relevées vers la cime – charme fastigié (à gauche), peuplier (à droite)

Comment mesurer un arbre

Demande à un ami de se tenir près de l'arbre. Tiens un bâton le bras tendu, et ajuste le haut du bâton au sommet de la tête de ton ami. Marque l'endroit où tu vois ses pieds. Note combien de fois cette partie du bâton est contenue dans la hauteur de l'arbre. Multiplie la taille de ton ami par ce nombre, et tu connaîtras la hauteur de l'arbre.

Exploration

À l'aide d'un carnet et de crayons, esquisse la forme des arbres que tu vois. Ramène chez toi feuilles et fleurs dans des sacs en plastique. Une loupe te permettra d'observer les feuilles en détail.

Forme étrange

Certains arbres ont des formes bizarres. Cet arbre-bouteille pousse en Australie dans une région aride. Il emmagasine l'eau dans son tronc pendant la saison des pluies.

Forme tombante – frêne pleureur

Forme de palmier

Forme triangulaire – sapin de l'Oregon

Cime aplatie – pin sylvestre

Qu'est-ce qu'un arbre ?

Un arbre est tout simplement une plante sur pilotis. Sur un seul pilotis, pour être précis, le tronc. Les plantes ont en effet besoin de lumière et plus on est haut, plus on a de lumière. Cela met aussi les feuilles hors de portée des animaux comme les cerfs ou les chèvres.

Feuilles ou aiguilles ?

Il y a deux sortes d'arbres : les conifères et les feuillus. On les distingue à leurs feuilles. Les conifères (ci-dessous) ont des feuilles comme des aiguilles ou de minuscules écailles. Les feuillus (à droite) ont tous des feuilles fines et plates, comme découpées dans du papier.

Un chêne est un feuillu. Ses feuilles sont minces et plates.

Ce pin colonnaire (un araucaria) est un conifère. Ses feuilles sont en forme d'aiguilles.

Rond ou pointu ?

Tu peux dire si un arbre est un conifère ou un feuillu en regardant sa forme. Les feuillus sont le plus souvent arrondis. Les conifères (à gauche) sont généralement triangulaires. L'arbre géant de la page ci-contre a la forme d'une carotte.

Combat pour la lumière

Une forêt peut paraître paisible, mais il s'y livre une silencieuse bataille pour la lumière. Chaque arbre essaie d'aller plus haut et de s'étendre plus largement que ses voisins, afin d'avoir davantage de lumière.

Fossiles vivants

Les ginkgos sont des arbres étranges – ni conifères ni feuillus. Tous leurs proches parents sont morts depuis des millions d'années. Malgré la forme de leurs feuilles, on les rattache plutôt aux conifères.

Le ginkgo a des feuilles en éventail et divisées en deux.

Imitateurs

Les fougères arborescentes étaient florissantes il y a très longtemps, mais il ne reste que quelques survivants. Les cycas sont d'anciens cousins des conifères. Ils ressemblent à des palmiers, mais n'ont aucun lien de parenté.

Le test

Est-ce bien un arbre ? Pour entrer dans cette catégorie, il faut mesurer plus de 6 mètres de haut et n'avoir qu'une seule tige principale – le tronc. Sinon, la plante est un arbuste. Un jeune arbre est un baliveau.

Arbres géants

Les séquoias sont les plus grands arbres du monde. Ils atteignent 110 mètres de hauteur – de quoi ridiculiser une girafe !

Les parties d'un arbre

Les feuilles fabriquent la nourriture à partir de la lumière solaire et des gaz de l'air. Les racines puisent l'eau et les minéraux dans le sol. Les feuilles ont besoin d'eau pour remplir leur fonction et les racines de nourriture pour croître. Le tronc est une véritable autoroute où se croisent l'eau, qui monte, et la sève (la nourriture), qui descend.

L'arbre creux
Les canaux où circulent l'eau et la sève sont juste en dessous de l'écorce. Ainsi, le centre du tronc n'est pas indispensable à la survie de l'arbre. Cet arbre s'est complètement séparé en deux, mais il est toujours vivant.

Pièces détachées
En coupant un bourgeon sur un arbre et en le greffant sur le tronc d'un autre, on peut créer des arbres très étranges. L'arbre ci-contre est un cytise *laburnum* (fleurs jaunes) avec une branche greffée provenant d'un arbre de Judée (fleurs roses).

Feuilles assoiffées
Pour mesurer la quantité d'eau aspirée par une branche, place deux rameaux dans des pots en verre. Enlève les feuilles de l'un d'eux. Mets la même quantité d'eau dans chaque pot. Verse un peu d'huile sur l'eau. Une semaine plus tard, contrôle les deux niveaux. Que s'est-il passé ?

Renaissance

Au printemps, un érable bourgeonne de feuilles toutes neuves, qui lui donneront sa nourriture pendant tout l'été. Pour fabriquer ces feuilles, l'arbre se sert de la nourriture qu'il n'a pas utilisée l'année précédente et qui est stockée sous forme de sève dans le tronc et les branches.

Les bourgeons contiennent les nouvelles feuilles, toutes repliées, qui attendent l'eau en provenance des racines.

Beaucoup de rameaux ne sont qu'une partie temporaire de l'arbre. Ils tombent au bout d'un an ou deux, quand l'arbre grandit.

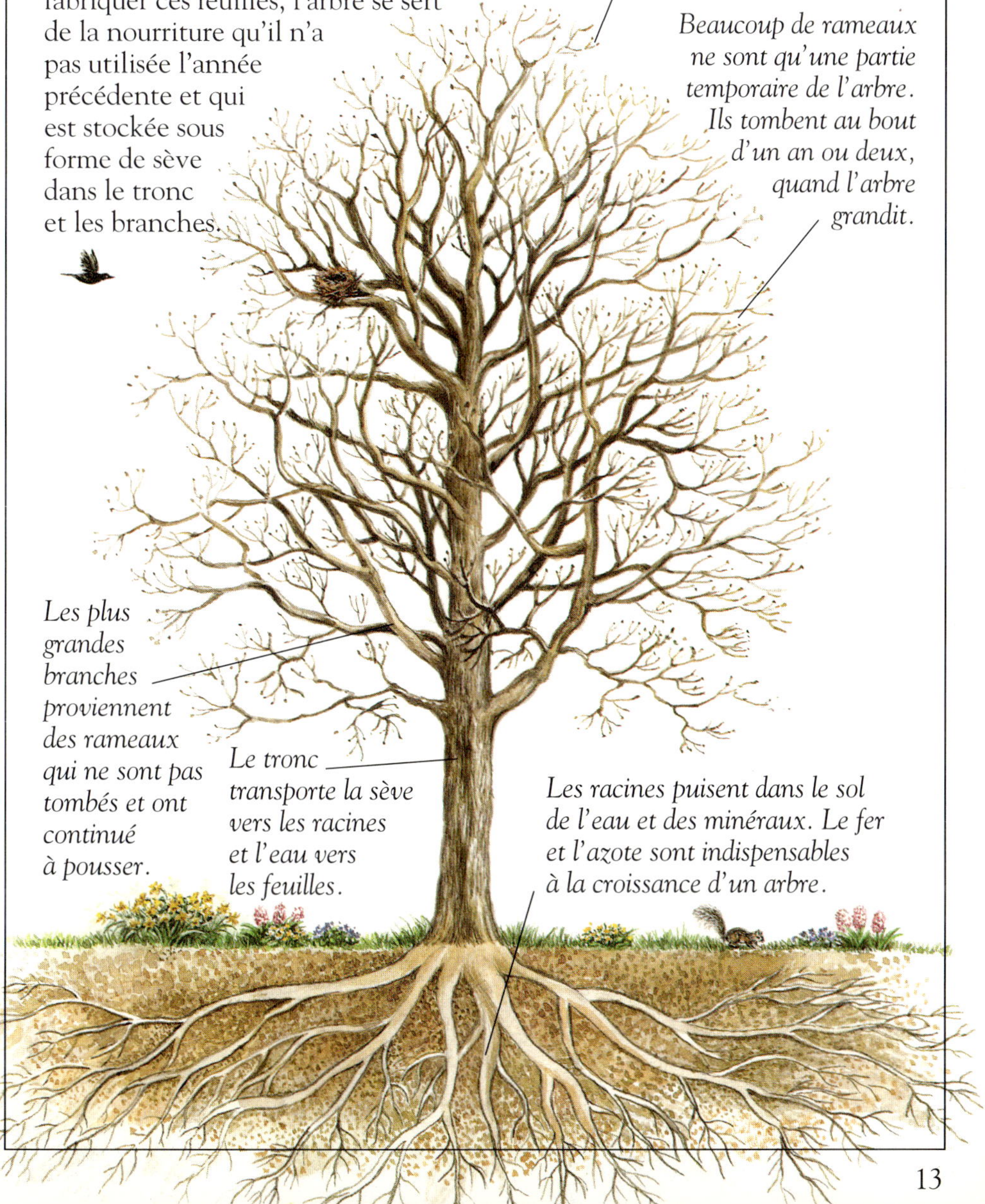

Les plus grandes branches proviennent des rameaux qui ne sont pas tombés et ont continué à pousser.

Le tronc transporte la sève vers les racines et l'eau vers les feuilles.

Les racines puisent dans le sol de l'eau et des minéraux. Le fer et l'azote sont indispensables à la croissance d'un arbre.

L'écorce

Dans le tronc d'un arbre, il y a des petits conduits qui transportent vers le haut l'eau du sol et vers le bas la sève des feuilles. L'écorce les protège mais, à mesure que l'arbre grandit, le tronc devient trop gros pour son manteau d'écorce qui se déchire par endroits. En dessous, une nouvelle écorce pousse.

Sirop de sève
Le sirop d'érable provient de la sève de l'érable à sucre d'Amérique du Nord. On perce des petits trous dans le tronc et l'on récolte la sève qui en coule. On la fait bouillir pour en retirer l'eau et ne plus avoir que du sirop.

L'écorce du bouleau blanc est ornée de losanges noirs.

Une peau très fine
Le bouleau blanc a une mince écorce qui pèle en lanières à mesure que l'arbre grandit. Les lignes de l'écorce sont des rangées de pores respiratoires, les lenticelles. Elles captent l'oxygène de l'air pour que l'arbre puisse respirer.

Canots d'écorce
Les bouleaux ont une écorce fine et flexible. Les Indiens d'Amérique du Nord l'utilisaient pour construire des canoës et des tentes.

Un jeune arbre a une écorce mince et lisse qui s'épaissit avec l'âge.

Motif d'écorce

Lorsque la vieille écorce d'un arbre craque et se fend, elle forme de superbes motifs. Tu peux les reproduire en faisant un frottis. Attache du papier blanc épais avec un ruban adhésif. Frotte toute la feuille avec un crayon pastel, puis note de quel arbre vient l'empreinte. Est-ce que les motifs varient en fonction des espèces ?

Résine de secours

La résine suinte des pins lorsqu'ils sont endommagés. Cela empêche les insectes mangeurs de bois de pénétrer, et tue les bactéries et les champignons qui pourraient infecter l'arbre.

Écailles d'écorce

Beaucoup d'écorces craquent et finissent par tomber. Celle des platanes tombe en larges écailles, découvrant l'écorce nouvelle. Les écailles emportent avec elles la saleté, ainsi les platanes peuvent survivre dans les villes polluées.

Il y a beaucoup de platanes dans les villes.

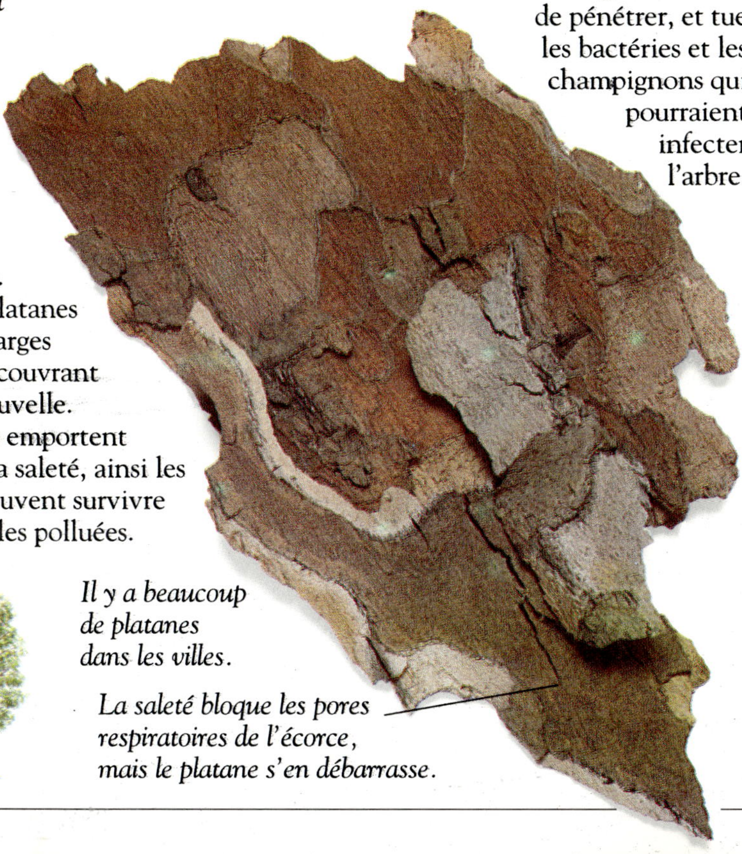

La saleté bloque les pores respiratoires de l'écorce, mais le platane s'en débarrasse.

Vert pour la vie

Si tu étais une plante, tu ne mangerais jamais, car tu fabriquerais toute la nourriture dont tu as besoin dans ton propre corps. Tu prendrais un petit bain de soleil – il faut du soleil pour fabriquer des aliments – et tu serais rassasié ! L'ennui, c'est que tu serais vert. Le pigment (c'est-à-dire le colorant) qui transforme l'énergie du soleil en nourriture est vert ; on l'appelle la chlorophylle.

Les tiges de cierge géant stockent l'eau et fabriquent de la nourriture grâce à la lumière solaire.

Arbre sans feuilles
Le cierge géant est une espèce d'arbre. Comme les autres cactus, il n'a pas de feuilles. Il peut cependant survivre car ses tiges contiennent de la chlorophylle qui capte l'énergie du soleil pour la transformer en nourriture.

Où est passé le vert ?
Bien que les feuilles de ce hêtre pourpre aient une couleur cuivrée, due à des pigments pourpres, elles contiennent bien de la chlorophylle.

Plomberie invisible

Une feuille de magnolia semble lisse et brillante. Mais lorsqu'elle tombe et sèche, on peut voir le réseau de ses nervures. Il transporte l'eau dans toutes les parties de la feuille et emporte la sève qu'elle a produite.

Plus la feuille se décompose, plus ses nervures apparaissent.

Des feuilles qui respirent

Les feuilles ne cessent jamais de respirer. Elles absorbent l'air, en utilisent l'oxygène et rejettent le gaz carbonique. En faisant cela, elles perdent de la vapeur d'eau.

1 La vapeur d'eau est invisible : c'est un gaz qui s'échappe de la feuille par évaporation. Mais si tu mets un sac en plastique autour de quelques feuilles, tu peux la transformer à nouveau en eau.

Ferme le sac pour qu'il soit bien étanche.

2 Contrôle tes feuilles toutes les heures. Vois-tu des gouttes d'eau dans le sac ? Quand la vapeur retourne à l'état liquide, on dit qu'elle se condense.

Les piquants éloignent les animaux, et des substances chimiques les insectes.

Toujours vert

Beaucoup de feuillus perdent leurs feuilles en hiver, mais le houx est un feuillu toujours vert. Ses feuilles très dures conservent l'humidité et tiennent les animaux à l'écart.

Les feuillus

Leurs feuilles ont des milliers de formes et de tailles différentes. Elles sont toujours fines et plates, et parfois très grandes. Si tu vis en Europe ou en Amérique du Nord, tu sais que les feuillus perdent leurs feuilles en hiver : on dit qu'ils ont un feuillage caduc. Dans la plupart des autres pays du monde, les feuillus sont toujours verts.

Plus larges que longues
L'érable plane est un feuillu dont les feuilles sont parfois plus larges que longues. La plupart des érables ont des feuilles en forme de main.

Cette feuille d'érable à écorce serpentine a des bords dentelés et un bout pointu.

Serpent rayé

Toutes les feuilles d'érable n'ont pas la forme d'une main. Cette feuille d'érable à écorce serpentine ressemble à une pointe de flèche. C'est à son écorce rayée que cet arbre doit son nom.

Des feuilles par millions

À la fin de chaque été, beaucoup de feuillus perdent leurs feuilles. Un grand érable en laisse tomber sur le sol au moins un demi-million, assez pour faire un tas de 2 mètres de haut. De quoi t'ensevelir !

Frottis de feuille

Tu peux prendre l'empreinte des nervures d'une feuille en la plaçant à l'envers et en la recouvrant de papier blanc. Frotte légèrement le papier avec un crayon doux et regarde le motif apparaître. N'oublie pas d'étiqueter ton dessin quand tu l'as fini.

Quand elles apparaissent au printemps, les feuilles de sumac sont rouges.

Des feuilles dans les feuilles

Certaines feuilles ont l'air d'avoir été coupées en fines lamelles avec des ciseaux. Le sumac possède des feuilles de ce genre, appelées feuilles composées. On le trouve à l'état sauvage en Amérique du Nord, mais on peut le planter partout dans le monde.

Des feuilles qui piquent

Les conifères, tels les pins ou les épicéas, sont les arbres les plus résistants qui soient. Leurs feuilles sont des aiguilles dures et pointues qui tiennent à distance les visiteurs affamés. Ni les cerfs ni les chenilles ne peuvent les manger. La plupart des autres conifères sont aussi très bien protégés : ils ont des feuilles amères et dures.

Feuillage persistant
Résistantes, les feuilles de conifères peuvent rester sur l'arbre tout l'hiver. Ces arbres, qui vivent souvent dans des régions arides, économisent leur énergie en n'ayant pas à produire de nouvelles feuilles chaque année. Les aiguilles restent en place trois ou quatre ans.

Les feuilles de l'épicéa sont trop coriaces pour la plupart des insectes.

Les nouvelles aiguilles sont vert pâle et épineuses.

Sapin de Noël
Tu as sans doute chez toi, en décembre, un sapin de Noël ; mais sais-tu qu'il s'agit en fait d'un épicéa ? Si ton arbre a des racines, tu peux le planter dans une grande bassine ou un seau.

L'odeur et le goût

Si tu t'es déjà promené dans une forêt de séquoias, tu sais comme cela sent bon. Mais la merveilleuse odeur de ces arbres provient de substances chimiques très désagréables contenues dans leurs feuilles. Un insecte qui les mâche a aussitôt un horrible goût dans la bouche.

Les feuilles coriaces du séquoia sont en forme de lanières.

Chacune de ces petites brindilles est une feuille.

Économiser l'eau

Le séquoia géant, ou wellingtonia, est un parent du séquoia commun, mais ses feuilles sont très différentes. Elles ressemblent à des brindilles et sont presque collées à la tige, ce qui permet à l'arbre de réduire sa consommation d'eau. D'autres conifères, comme les cyprès, ont le même type de feuilles.

Le dîner du dinosaure

Pour certains dinosaures les feuilles de conifères étaient comestibles – même si elles n'étaient pas vraiment délicieuses. Certains de ces grands et lourds herbivores, comme le hadrosaure, avaient un bec osseux pour les arracher et les broyer. Avaient-ils aussi des indigestions ?

Rameaux et bourgeons

Les rameaux qui pointent hors des arbres sont les germes de croissance de l'arbre. Chacun d'eux a des bourgeons qui contiennent de nouvelles pousses, des feuilles et des fleurs. Quand le temps est venu, ces bourgeons s'ouvrent. Les pousses s'allongent et deviennent d'autres rameaux.

Au cœur du bourgeon du marronnier d'Inde se trouve la jeune fleur, entourée des jeunes feuilles.

Fleurs et feuilles de l'année suivante sont empaquetées dans le bourgeon.

Des écailles collantes protègent le bourgeon de l'appétit des insectes.

Le bourgeon de l'an passé a laissé cette marque de croissance.

Une des feuilles de l'an passé a laissé cette cicatrice en écusson.

Rameaux porte-écussons

Les marronniers d'Inde ont des bourgeons et des feuilles exceptionnellement grands. Quand ils tombent, ils laissent sur les rameaux des cicatrices qu'on ne voit sur aucun autre arbre. Observe-les bien : elles ont la forme d'un écusson. Tu verras une rangée de points marquant les canaux de sève.

Marronnier d'Inde

Rien qu'un peu d'eau !

Feuilles et fleurs sont empaquetées ensemble dans un bourgeon, un peu comme des légumes ou de la soupe lyophilisée. Pour se développer, elles n'ont besoin que d'un peu d'eau, comme tu peux le vérifier par toi-même.

1 Coupe soigneusement deux ou trois rameaux de marronnier d'Inde avec une cisaille. Demande la permission avant de le faire.

2 Mets les rameaux dans de l'eau propre. Mesure les feuilles chaque jour et observe à quelle vitesse elles se développent. Dessine-les.

À l'épreuve des flammes

Les eucalyptus poussent surtout dans les forêts sèches où les feux sont fréquents. Même après un incendie, les bourgeons de certains d'entre eux recommencent à se développer. Ils possèdent une écorce épaisse et résistante au feu.

Épineux problèmes

Les cerfs, les chèvres et les antilopes adorent les jeunes feuilles. Certains arbres se sont munis d'épines pour éloigner les mangeurs de feuilles. Même s'ils sont dans les villes, loin de leurs premiers ennemis, ils conservent leurs épines.

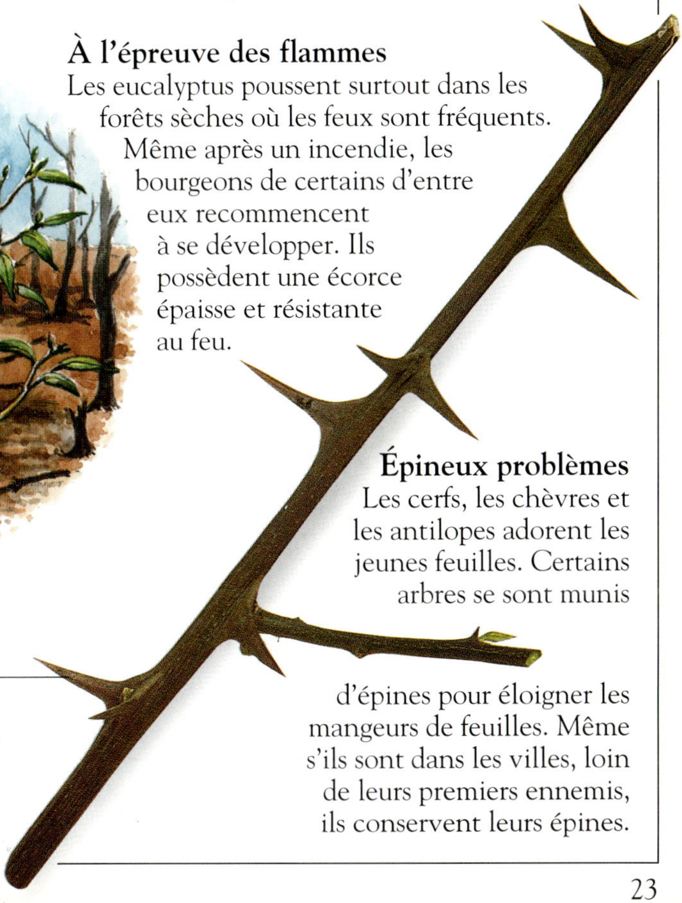

La forme des épines permet d'identifier un arbre. Ci-contre, un robinier ou faux acacia.

Les fleurs

T'es-tu jamais demandé pourquoi les arbres ont de si belles fleurs ? Ils en ont besoin pour attirer les abeilles et d'autres insectes. Quand ceux-ci visitent les fleurs et boivent leur nectar, ils apportent le pollen des fleurs mâles aux fleurs femelles. Les fleurs femelles fabriquent alors des graines qui deviendront peut-être de nouveaux arbres.

Écorce fleurie
Toutes les fleurs ne poussent pas sur des branches. Certains petits arbres des forêts tropicales portent des fleurs sur leur tronc. Pour que les pétales s'ouvrent, le bourgeon doit d'abord pousser à travers l'écorce.

En absorbant le nectar avec le bout de leur langue, les oiseaux transportent le pollen de fleur en fleur.

Étamines

Il y a environ 500 espèces différentes d'eucalyptus.

Fleurs sans pétales
La fleur d'eucalyptus n'a pas de pétales, seulement une masse d'étamines rouges, blanches ou crème, qui la fait ressembler à une petite brosse. L'étamine est la partie de la fleur qui contient le pollen. Le nectar est caché à sa base.

À l'aide de ses pattes avant, l'abeille collecte le pollen dans les corbeilles de ses pattes postérieures.

Les fleurs de pommier ont de grands pétales largement ouverts, ce qui facilite le travail des abeilles.

Abeilles affairées

Tu verras beaucoup d'abeilles autour des fleurs de pommier. Elles volent de fleur en fleur, buvant le nectar et répandant le pollen, qu'elles emmagasinent également pour les rapporter à leur ruche où elles fabriquent du miel.

De la fleur au fruit

Sans l'aide des insectes, la fleur de pommier ne deviendra jamais une pomme. Une expérience simple va te le montrer. Enferme quelques bourgeons dans un sac de mousseline et ferme-le soigneusement. À la différence des fleurs ordinaires, celles qui sont dans le sac ne donneront pas de pommes.

Tu verras des syrphes autour de ces fleurs : ils aiment leur nectar.

Demande la permission de couvrir quelques fleurs.

Nectar réservé

Le nectar de la fleur du marronnier d'Inde se trouve au fond d'un tube. Seul un insecte muni d'un long proboscis (trompe) peut l'atteindre.

Les chatons

Si chacune des fleurs contenues dans un chaton avait la taille d'une rose, cela ferait le plus grand bouquet de fleurs que tu aies jamais vu. Un chaton a la forme d'une saucisse : c'est une grappe de fleurs minuscules. Le vent – et parfois les insectes – lui apportent le pollen provenant des fleurs mâles. Les fleurs femelles pourront ainsi germer.

Le nectar est produit tout au fond de la fleur mâle, au centre du chaton.

Les chatons mâles sont d'abord gris. Ils deviennent jaunes quand le pollen est mûr.

Fleurs de fourrure
Les chatons de saule sont dodus et doux comme des petits chats. La plupart pendent, pour que le vent répande facilement leur pollen. Ce n'est pas le cas de ceux-ci : en produisant du nectar, ils attirent les abeilles qui apporteront le pollen aux fleurs femelles.

Chaque fleur femelle a un stigmate jaune qui recueille le pollen.

Les graines du saule ont une queue duveteuse leur permettant de flotter au vent.

Duvet volant
Chaque fleur de saule femelle devient un fruit. Ces fruits sont verts mais en mûrissant ils se fendent et libèrent d'innombrables graines blanches et duveteuses. Au début du printemps, on en trouve partout.

Saule marsault

Queues d'agneaux

Les chatons du noisetier sont parfois appelés queues d'agneaux ; ils ressemblent à des queues laineuses pendant des arbres.

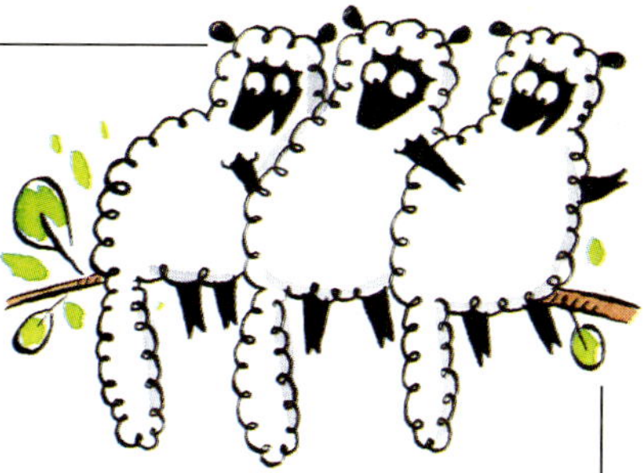

Mâle et femelle

Sur certains arbres, les chatons mâles et femelles se ressemblent. Mais sur un noisetier, on les distingue facilement. Seul le mâle est vraiment un chaton. Le chaton femelle est comme un vase minuscule garni de quelques jolis poils roses.

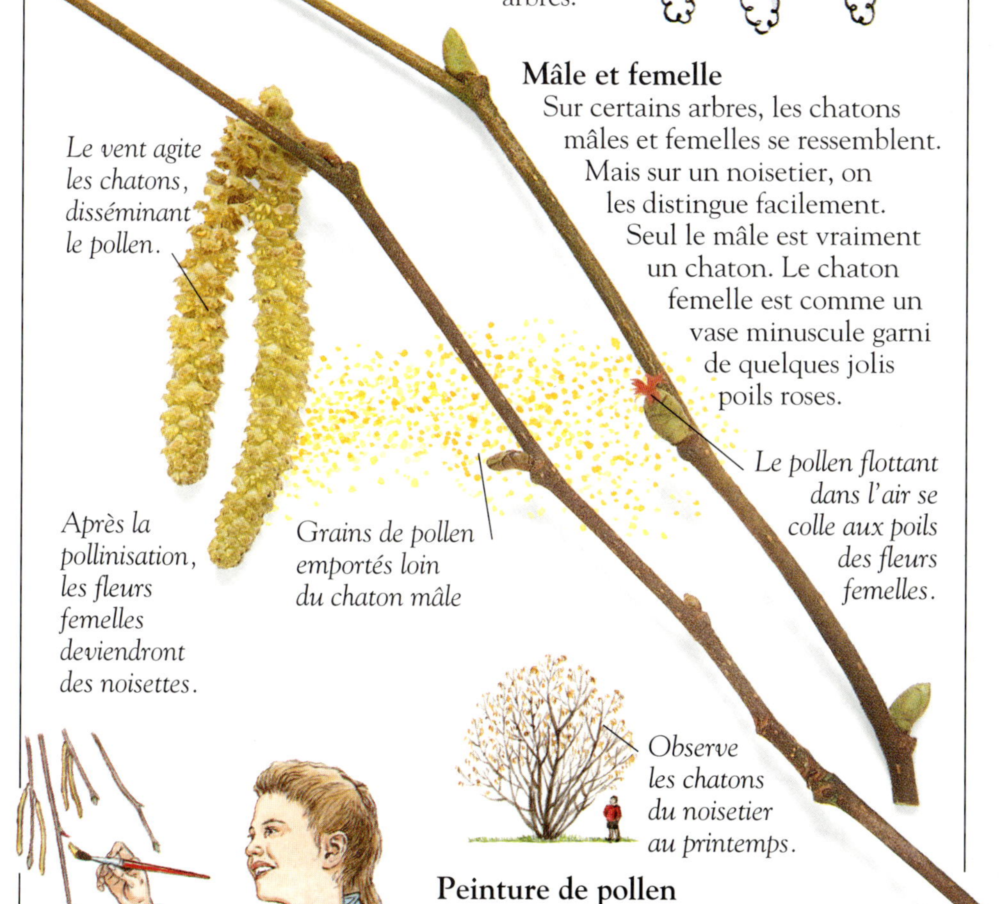

Le vent agite les chatons, disséminant le pollen.

Le pollen flottant dans l'air se colle aux poils des fleurs femelles.

Après la pollinisation, les fleurs femelles deviendront des noisettes.

Grains de pollen emportés loin du chaton mâle

Observe les chatons du noisetier au printemps.

Peinture de pollen

Les noisetiers fleurissent au début du printemps, lorsqu'il y a du vent pour disséminer le pollen. Tu peux les aider : ramasse du pollen avec un pinceau et répands-le sur les fleurs femelles.

Pommes de pins

On les trouve sur tous les conifères, comme les pins et les sapins. Elles jouent le même rôle que les fleurs chez les autres arbres. Les cônes mâles produisent le pollen qui est soufflé par le vent jusqu'aux cônes femelles. Les graines, protégées par les écailles du cône, commencent alors à germer.

Cône de sapin de Douglas

Jeune et vert
Quand un jeune cône se développe, il est mou et flexible : il ne durcit que plus tard. Les jeunes cônes du sapin de Douglas sont verts et pendent toujours de l'arbre.

Sapin de Douglas

Les cônes du sapin de Douglas tombent intacts sur le sol.

L'âge adulte
Les cônes du sapin de Douglas mûrissent en une saison. Les mâles se dessèchent et tombent après avoir libéré leur pollen. Les femelles augmentent de volume à mesure que les graines germent. Ce cône a été coupé en deux.

Chute libre
Les graines tombent des cônes. Si elles tombent sous l'arbre qui les a engendrées, elles n'auront pas assez de lumière pour grandir. C'est pourquoi elles sont munies d'une aile fine comme du papier. Elles tournoient et s'envolent loin de leurs parents.

Graines volantes

En couleurs

Le jeune cône femelle du mélèze est rouge vif, un peu comme une fleur. Après la pollinisation, il verdit, commence à grandir, puis brunit et durcit. Les vieux cônes restent sur l'arbre longtemps après la chute des graines, parfois plusieurs années.

Sésame ouvre-toi

Ce serait une erreur pour les graines de tomber un jour de pluie : elles ne seraient pas emportées par le vent. Donc les cônes s'ouvrent par temps chaud et sec. Mets un cône fermé près d'un radiateur et observe-le.

Tu ne trouveras pas de cônes de cèdre sur le sol. Ils se cassent en restant sur l'arbre.

Douces écailles

Le cône de cèdre a la forme d'un œuf : il est presque lisse car les écailles se chevauchent étroitement. Les graines mettent deux ans à mûrir, puis le cône s'ouvre.

Fruits et noix

Tous les arbres ne s'en remettent pas au vent pour emporter leurs graines. Certains utilisent leurs fruits pour persuader les animaux de le faire. Beaucoup de ces fruits ont une pulpe savoureuse contenant des petites graines qui se retrouvent dans les crottes des animaux. D'autres produisent des noix, qui sont mangées ou stockées par les animaux.

Où l'ai-je mis ?
Les écureuils enterrent les noix et les déterrent en hiver. Celles qu'ils oublient deviennent des arbres.

Prendre racine
L'eau contenue dans une noix de coco maintient le jeune arbre en vie jusqu'à ce que ses racines se développent.

Capsule spatiale
Une noix de coco est comme un vaisseau de l'espace qui peut assurer la survie dans un environnement hostile. Sa coquille la protège de l'eau salée, mortelle pour les plantes terrestres.

Pommes sauvages

La pomme que nous mangeons n'a plus grand-chose à voir avec le fruit sauvage. Pendant des milliers d'années, les cultivateurs ont sélectionné les meilleurs arbres.

Plus bas !

Les pommiers sauvages sont de haute taille. Les pommiers de culture d'aujourd'hui sont moins hauts – pour que les pommes soient plus faciles à attraper.

Goût amer

Tu peux trouver des pommes sauvages dans les bois et les haies, mais leur goût est très amer ! Cependant, les animaux les adorent et les aident à disperser leurs graines. Les pommiers de culture n'ont pas besoin des animaux.

Fruits imprimés

En utilisant des fruits à chair ferme, tu peux faire des dessins de différentes couleurs pour décorer des cartes postales ou du papier d'emballage. Coupe des pommes, des poires ou des oranges. Mélange de la gouache dans un plat, trempes-y le fruit et presse-le légèrement sur le papier.

La germination

Empaqueté dans chaque graine, un arbre minuscule attend de naître. Une réserve de nourriture lui permet de subsister jusqu'à ce qu'il soit prêt à germer. Certaines graines n'ont que peu de nourriture et doivent germer quelques jours après avoir quitté l'arbre. D'autres, comme les graines de hêtre, peuvent survivre des mois avant de germer.

Épineux problème

Le hêtre produit des milliers de faines chaque automne. Ces tendres graines poussent à l'intérieur d'une enveloppe dure et épineuse, qui éloigne les insectes. Lorsque l'enveloppe s'ouvre et que la faine s'en échappe, elle est protégée par sa peau brune et résistante.

Festin de faines

Beaucoup de faines qui tombent de l'arbre ne survivent pas aux mois d'hiver. Des animaux, tels les sangliers et les cochons, les mangent et les dispersent.

Planter un arbre

Essaie de planter un hêtre. Ramasse des faines et mets-les dans un pot rempli de sable humide. Il leur faut plusieurs mois de temps froid pour germer.

1 Au printemps, fais tremper les graines toute une nuit dans de l'eau tiède avant de les planter.

2 Plante-les dans des pots remplis de bonne terre ou de compost. Un sac de plastique sur le dessus t'évitera de les arroser trop souvent.

3 Surveille les pots et enlève le plastique quand la pousse du hêtre apparaît. Elle a désormais besoin d'une bonne lumière. Mets-la dehors ou sur un appui de fenêtre.

Amoureux du feu

Certaines graines d'eucalyptus poussent dans une enveloppe si dure qu'elle doit être brûlée pour s'ouvrir. Pour un jeune eucalyptus, le meilleur moment pour germer est après un incendie de forêt.

La croissance

Pour grandir, les arbres ont besoin de lumière, d'eau et de minéraux puisés dans le sol. Si une graine germe dans une forêt, les plus grands arbres bloquent presque toute la lumière. Lorsque l'un d'eux tombe, la lumière parvient jusqu'au sol : les jeunes arbres grandissent alors.

Dangereuse proximité
Des milliers de graines tombent d'un hêtre chaque année ; seulement une ou deux deviendront des arbres. Aucune de celles-ci n'y parviendra : elles sont trop proches les unes des autres.

Bébés hêtres
Observe la graine que tu as fait germer (page précédente). Ses cotylédons contiennent une réserve de nourriture qui permet au petit hêtre de vivre jusqu'à ce qu'il ait des feuilles et fabrique sa propre nourriture.

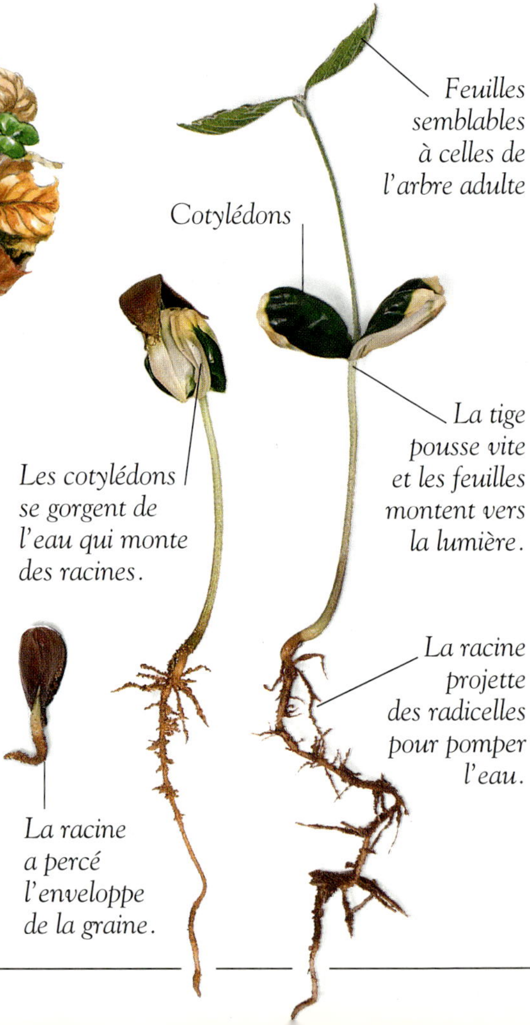

« Œil » sur un hêtre

Des yeux partout

Si tu te promènes dans une forêt de hêtres, tu auras sans doute l'impression d'être entouré d'yeux : les hêtres se séparent en grandissant de certaines branches, laissant sur le tronc une marque comme un grand œil.

Vénérable vieillard

Les plus vieux arbres du monde sont les pins à cônes épineux des montagnes Rocheuses, aux États-Unis. Certains de ces petits arbres tordus ont sans doute 6 000 ans. Cela fait d'eux les plus vieux êtres vivants de la terre.

Avec assez de lumière et d'eau, un hêtre peut atteindre cette taille dans sa deuxième année.

Un hêtre de 10 ans est bien plus grand qu'un garçon ou une fille du même âge.

Plus haut, plus loin

Tous les arbres grandissent dans deux directions : vers le haut et vers l'extérieur. Chaque année, les rameaux s'allongent et le tronc, les branches et les racines grossissent. Sous terre, les racines s'élargissent comme le font les branches au-dessus du sol.

Il faut 200 ans à un hêtre pour devenir aussi grand que celui-ci.

Folle mousson
Pour s'adapter au climat de mousson – longues saisons sèches suivies par des mois de fortes pluies – les arbres perdent leurs feuilles à la saison sèche et vivent au ralenti jusqu'au retour des pluies.

Les saisons

Dans certaines parties du monde, il y a une grande différence entre l'été et l'hiver, ou entre la saison sèche et celle des pluies. Les arbres doivent s'adapter du mieux qu'ils peuvent à ces changements. Certains perdent toutes leurs feuilles en hiver ou à la saison sèche, d'autres n'en perdent qu'une partie.

Les jeunes feuilles ont jailli de leurs bourgeons.

Printemps
Au printemps, un arbre à feuilles caduques produit de nouvelles feuilles. Elles s'ouvrent rapidement et lui fabriquent de la nourriture.

La chaleur de l'été attire les insectes qui abîment les feuilles.

Été
Pendant l'été, les feuilles durcissent pour éloigner les insectes. Certains arbres font pousser de nouvelles feuilles pour remplacer celles qui ont été mangées.

Sans changement

Les forêts de l'équateur – comme cette forêt tropicale du nord-est de l'Australie – ont presque le même climat toute l'année. Plus on s'éloigne de l'équateur, plus les températures changent d'une saison à l'autre.

Combien de couleurs y a-t-il sur un arbre à l'automne ?

Les conifères gardent leurs feuilles tout l'hiver.

Les branches sont nues, mais les feuilles de l'année suivante sont dans les bourgeons.

Automne

La chlorophylle, qui rend les feuilles vertes, se décompose avant qu'elles ne tombent. D'autres réactions chimiques rendent les feuilles rouges ou jaunes.

Hiver

L'arbre est inactif jusqu'au printemps. Même si l'hiver est très froid, les feuilles, empaquetées dans des bourgeons d'hiver, ne peuvent être endommagées.

Ennemis des arbres

Les arbres ont beaucoup d'ennemis, en particulier les animaux qui mangent leurs feuilles. Le bois n'est pas aussi nourrissant que les feuilles, mais des insectes et des champignons s'en nourrissent.

La pollution aussi abîme les arbres, comme celle due aux pluies acides.

Les gaz toxiques peuvent franchir de longues distances avant de retomber en pluies acides.

Pluies dangereuses

Les gaz d'échappement des voitures, la fumée des incendies, des usines et des centrales électriques chargent l'air de gaz toxiques. Quand ils se mélangent à l'eau, ils retombent en pluies acides. Si l'acidité est trop élevée, les arbres perdent leurs feuilles et meurent.

Ce polypore ronge les arbres, en détruisant un grand nombre.

Champignons mortels

Les champignons qui se nourrissent de bois sont redoutables. Ils percent l'arbre de minuscules petits filaments qui peuvent l'infecter tout entier.

Les étrangleurs

Le figuier-étrangleur des tropiques mérite bien son nom. Il s'enroule tout autour de l'arbre, asphyxiant son tronc et ses branches. L'arbre finit par mourir.

Mangeur de bois

Si tu retournes une écorce d'arbre pourrie, tu verras peut-être des dessins comme ceux-ci. Ils sont l'œuvre des scolytes. La femelle creuse dans le bois, puis pond ses œufs dans une galerie sous l'écorce. À leur éclosion, les larves creusent d'autres tunnels en mangeant.

Les scolytes transmettent aux arbres de dangereuses maladies.

Une famille de larves de scolytes laisse un dessin caractéristique de son espèce.

La forme et la couleur des galles dépendent de l'espèce de guêpe qui les a produites.

Petite forteresse

Les galles sont de minuscules forteresses pour les larves de certaines guêpes qui les fabriquent en produisant des substances chimiques. Des rameaux et des feuilles poussent ensuite autour d'elles.

Dans sa dure galle ligneuse, la larve est à l'abri des prédateurs, des oiseaux en particulier.

Amis des arbres

Un arbre est comme un immeuble d'habitation : il abrite des centaines d'êtres vivants. Certains animaux et champignons se nourrissent sur l'arbre. D'autres vivent dedans et l'aident en dévorant ses ennemis. Cette vie commune est appelée le « mutualisme ».

Les bons amis
Cette mésange à tête noire en fait partie. Elle mange une foule de chenilles et d'insectes qui grignotent les feuilles des arbres et sucent leur sève.

Fourmis gardiennes
L'acacia au lobe en faucille possède des petits creux à la base de ses épines où les fourmis peuvent nicher. En échange de cette hospitalité, les féroces fourmis écartent les amateurs de feuilles, telles les antilopes.

Arbre, mon ami
Dans l'Himalaya, des habitants se sont opposés à ce qu'on rase des forêts en serrant les arbres dans leurs bras. Essaie d'en faire autant. Quel effet cela fait-il ?

L'amanite tue-mouches vit près des bouleaux et des sapins.

Accord souterrain

Certains champignons ont avec les arbres des liens particuliers. L'amanite tue-mouches, par exemple, possède des centaines de minces filaments souterrains qui poussent en enserrant les radicelles de l'arbre. Elle prélève le sucre et, en échange, enrichit le sol.

Ne touche jamais aux champignons que tu trouves : ils sont peut-être vénéneux.

Vers de terre

Pour les arbres, les vers de terre sont indispensables. Ils entraînent les feuilles mortes sous terre, où elles pourrissent en libérant des substances nutritives.

La masse des filaments souterrains est la partie essentielle du champignon.

Travailler le bois

Les arbres nous procurent un matériau précieux : le bois. Les premiers outils fabriqués par l'homme furent sans doute des bâtons de bois. 3 millions d'années plus tard, nous utilisons toujours le bois pour faire des tables, des bateaux, des jouets et bien d'autres choses !

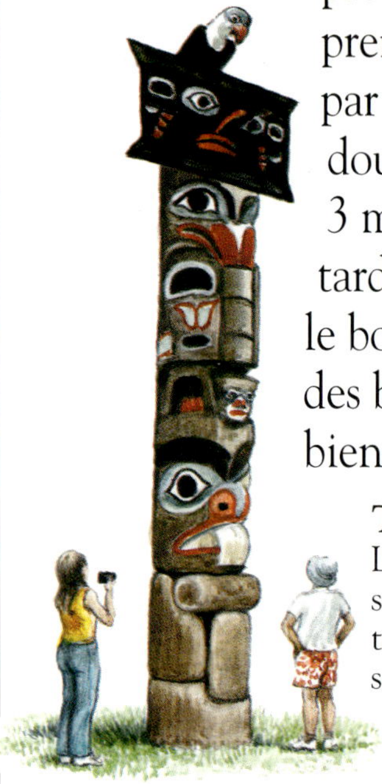

Totem
Les Indiens d'Amérique du Nord sculptent des totems dans des troncs de grands conifères ; leur sculpture raconte une histoire.

Il tombe !
Couper un arbre est un dur travail. Les bûcherons, spécialisés dans cet abattage, portent des casques de sécurité pour se protéger de la chute des branches.

Arbres abattus

Quel âge a-t-il ?
Tu peux connaître l'âge d'un arbre en comptant ses anneaux après qu'il a été coupé. Les anneaux clairs représentent la croissance du printemps, les plus foncés celle de l'été. Chaque paire donne donc une année.

La musique du bois

Traditionnellement, une guitare est faite de bois, et la variété des bois utilisée est impressionnante, surtout pour le bois de la partie supérieure (table d'harmonie) qui capte les vibrations des cordes et les amplifie.

Les cordes sont tendues sur le clavier, souvent fait d'ébène.

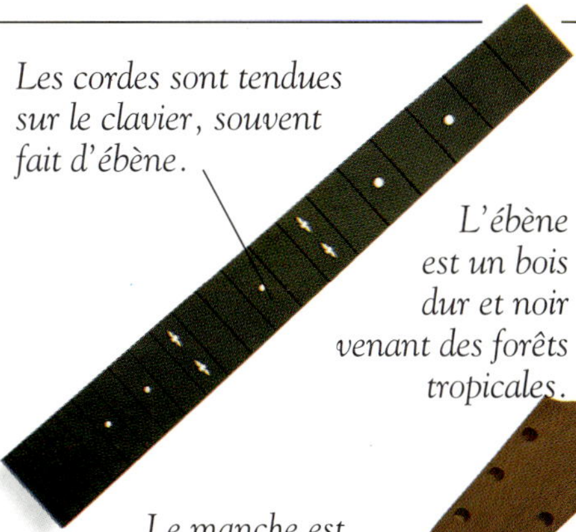

L'ébène est un bois dur et noir venant des forêts tropicales.

Le dos est fait dans un bois plus commun que la table d'harmonie.

Le manche est le plus souvent en acajou ou en cèdre.

La table d'harmonie peut être en pin, en épicéa ou en cèdre.

Sonorités espagnoles

Le succès des danses espagnoles au XVIIe siècle a rendu la guitare très populaire. Aujourd'hui, on en joue dans le monde entier.

Taillé dans de l'ébène, le chevalet transmet les vibrations des cordes à la table d'harmonie.

Des arbres utiles

Tu connais déjà sans doute pas mal de choses qui nous viennent des arbres – le bois, le papier, le sirop d'érable. Sais-tu que nous leur devons aussi le caoutchouc et le liège ? Mais leur don le plus utile est invisible : l'oxygène. Chaque arbre produit un peu de cette substance vitale et élimine l'oxyde de carbone qui risquerait de trop réchauffer la terre.

L'arbre à liège
Le liège provient de l'écorce du chêne-liège, un arbre originaire du bassin méditerranéen.

Pop !
Le bouchon des boissons gazeuses comme le champagne doit être maintenu par du fil de fer. Quand on l'enlève, le bouchon saute.

Écorce épaisse
L'écorce de chêne-liège, très épaisse, se contracte si tu la compresses, et se détend ensuite. Quand tu introduis un bouchon dans le goulot d'une bouteille il se dilate légèrement : cela le maintient en place.

Faire du papier

Le papier est fabriqué à partir de la fibre de bois des troncs d'arbres réduite en pulpe, sorte de bouillie. Mais on peut aussi en faire avec du vieux papier. Pour réaliser cette opération, il te faut un journal, un treillis métallique fixé (par un adulte) sur un cadre, une casserole et un vieux tissu.

1 Coupe un journal en petits morceaux et jette-les dans l'eau. Demande à un adulte de les faire bouillir pour obtenir une pâte.

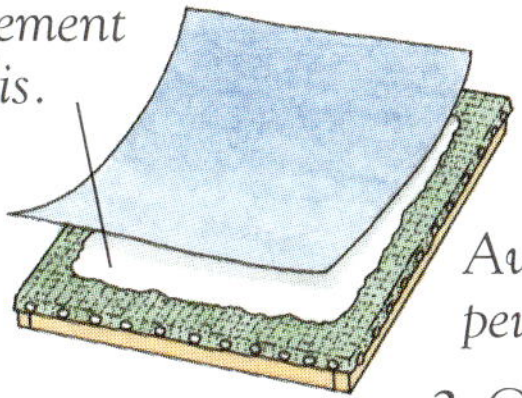

La pulpe doit être étalée régulièrement sur le treillis.

2 Quand la pulpe est refroidie, plonge le treillis dedans. Retire-le bien à plat et laisse-le s'égoutter. Ensuite, retourne-le sur un tissu. Ajoute d'autres couches sur la première.

Avec ton papier, tu peux faire des livres !

3 Couvre la pile avec un tissu, puis avec une planche. Saute sur la planche pour évacuer l'eau. Enlève le tissu et laisse le papier sécher.

Sève qui roule

Les cyclistes roulent sur des pneus faits de caoutchouc. Combien d'autres objets de caoutchouc connais-tu ?

Le caoutchouc est la sève d'un arbre tropical, l'hévéa.

Sève qui coule

La sève des hévéas est récoltée par incision, en taillant leur écorce. C'est avec cette sève épaisse que l'on fabrique le caoutchouc.

La forêt tropicale

L'humidité permanente et le soleil des forêts tropicales permettent aux arbres de grandir toujours plus haut. Les arbres se disputent la lumière et atteignent des hauteurs incroyables. Certains ont des racines en arcs-boutants qui forment de véritables socles géants et les aident à supporter leur poids.

La course au soleil

Dans cette forêt tropicale d'Australie, tu peux voir les différents moyens utilisés par les plantes pour atteindre la lumière. Les lianes, les épiphytes et certains figuiers se font emmener vers elle par les arbres les plus hauts. Les fougères arborescentes doivent se contenter d'une faible lumière.

Feuilles de palmier dures comme du cuir

Palmier-éventail

Acajou

Les feuilles de l'acajou d'Amérique sont faites de deux folioles.

Bois précieux

Le véritable acajou d'Amérique du Sud ou d'Amérique centrale est l'un des plus beaux bois tropicaux. Mais beaucoup ont été coupés, et ils sont devenus rares.

Forêts en danger

Les forêts tropicales sont détruites à un rythme alarmant – certaines pour leur bois, d'autres pour cultiver leur sol. Mais la terre est pauvre et la plupart de ces forêts sont perdues pour toujours.

Fruits de la forêt

Si tu as déjà goûté une mangue, tu connais son goût parfumé. Les mangues viennent des forêts tropicales. Leur arôme puissant augmente à mesure qu'elles mûrissent, pour attirer les animaux.

Une mangue contient une seule et grosse graine qui peut donner naissance à un arbre.

Forêts tempérées

Dans une forêt d'arbres à feuilles caduques, la plupart des arbres perdent leurs feuilles à la fin de l'été. Excepté quelques espèces comme le houx, les autres s'endorment pour l'hiver. Quand arrive le printemps, les feuilles ne sortent pas tout de suite et le soleil atteint le sol de la forêt, qui se recouvre alors d'un véritable tapis de fleurs.

Feuille de châtaignier

Feuilles longues

Les châtaigniers sont faciles à reconnaître. Leurs feuilles sont longues et leur écorce monte en spirale autour du tronc : tu peux sentir les profonds sillons dans l'écorce.

Feuille de hêtre

Feuilles d'hiver

Les feuilles de hêtre sont douces et brillantes, avec un bord ondulé. Les jeunes hêtres, de même que les jeunes chênes, gardent parfois leurs feuilles pendant l'hiver – bien qu'elles soient mortes.

Feuille de chêne blanc

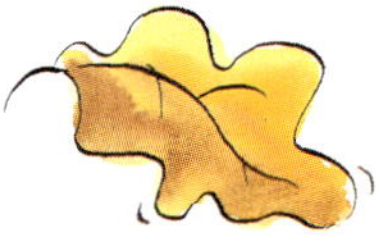

Bord dentelé

La forme des feuilles de chêne est toujours la même, mais leurs bords sont différents. Celles du chêne blanc sont dentelées. À l'automne, tu trouveras des glands sous les chênes.

Les loirs adorent se cacher dans les feuilles mortes.

Tulipier

Précieuse litière

Quand les feuilles tombent, elles font sur le sol de la forêt une véritable litière qui se décompose peu à peu. Champignons et crapauds l'apprécient beaucoup : c'est une bonne et humide cachette.

Cherche des scarabées, des vers et d'autres animaux dans la litière.

Forêt d'érables aux États-Unis

De tous les érables, l'érable à sucre a les plus belles couleurs à l'automne.

Flamboiements

Certaines forêts, avant la chute de leurs feuilles, montrent des flamboiements de rouge et de jaune. Les plus colorés de ces spectacles ont lieu aux États-Unis et au Canada, en raison du climat et des espèces d'arbres.

Les feuilles du chêne blanc deviennent rouge orangé.

Forêt de conifères

La plupart des conifères peuvent affronter les pires conditions climatiques. Leurs feuilles dures, semblables à des aiguilles, ne se dessèchent pas facilement, ce qui leur permet de vivre dans des pays chauds ou de supporter des hivers glacials : les plus grandes forêts de conifères se trouvent en Sibérie et au nord du Canada.

Vraies aiguilles
Les sapins ont des feuilles en forme d'aiguilles. D'autres conifères ont des feuilles en forme de lanières ou d'écailles. Toutes sont épaisses, résistantes et résineuses.

Les becs-croisés des sapins construisent leurs nids avec les aiguilles.

Même odeur
Les sapins-ciguë ne sont pas vénéneux. La ciguë mortelle est une plante à fleurs blanches que l'on trouve au bord des routes. L'arbre a pris son nom parce qu'ils ont tous deux la même odeur.

Les conifères ont des branches flexibles, de sorte que la neige et la glace puissent glisser sans les casser.

Nord et Sud
Des espèces particulières de conifères poussent en Australie, en Nouvelle-Zélande, dans les îles du Pacifique et en Amérique du Sud, mais elles sont très différentes des espèces de l'hémisphère Nord.

Pommes de pins
Les cônes doivent leur nom à leur forme. Mais les cônes d'épicéa ressemblent davantage à des saucisses. Les aiguilles aussi ont la pointe en bas, ce qui aide à l'évacuation de la neige.

On voit dans la neige des traces de cerfs, d'ours et de loups qui vivent dans les grandes forêts de conifères.

Arbres des marais

Les bords de rivières ou les marais ne sont pas des endroits favorables aux arbres. Un sol humide peut glisser et déséquilibrer les arbres qu'il porte. En outre, les racines doivent respirer. Elles peuvent tirer de l'oxygène d'une eau courante, comme le fait un poisson. Mais l'eau des étangs est stagnante et contient peu de ce gaz essentiel à la vie.

Forêts ivres
Quand le sol bouge sous leurs racines, les arbres d'une forêt marécageuse titubent comme une personne ivre. C'est pourquoi ces forêts sont dites « ivres ».

On peut voir des mangroves sur les côtes tropicales.

Ces cyprès des marais ne vivent que dans des marais d'eau douce.

Racines aériennes
Le palétuvier a des racines arquées et de grandes lenticelles pour absorber de l'air. Les racines ancrent l'arbre dans la vase.

Les survivants des marais

Les palétuviers sont les rois de la survie. Ils se tirent d'affaire dans un sol gorgé d'eau et poussent dans l'eau de mer. L'une des plus grandes zones de palétuviers se trouve en Australie et couvre des centaines de kilomètres.

Cyprès chauve

Le cyprès des marais est aussi appelé cyprès chauve, car ses fines aiguilles tombent en hiver. Ce conifère pousse dans les eaux stagnantes. Pour respirer, il plonge dans la vase des racines appelées pneumatophores.

Graines navigantes

Les aulnes ont des graines flottantes, de sorte que le courant peut les emmener très loin. Bien que ces graines soient enfermées dans des petits « cônes » ligneux, il ne s'agit pas de conifères mais de feuillus.

Saule « têtard », c'est-à-dire auquel on a coupé la tête.

Les aulnes aiment avoir les racines dans l'eau.

L'osier blanc a de longues feuilles étroites, vertes sur le dessus et argentées dessous.

Arbres des zones arides

Les arbres ont besoin de beaucoup d'eau. Plus le climat est sec, moins il y en a et plus étranges ils sont. Certains ont des troncs bombés pour stocker l'eau. Tous ont des feuilles dures et imperméables. Tous ont aussi leurs stratagèmes pour éloigner les animaux affamés ou assoiffés.

Toujours plus haut
Dans les zones arides, les arbres sont disséminés et ne luttent pas pour la lumière. Ils sont très grands pour échapper aux animaux : c'est pourquoi les girafes ont un si long cou !

Feuilles tentantes
L'arbre de Josué a des feuilles charnues et pleines d'eau. Elles seraient vite dévorées si elles n'étaient pas dures, pointues et d'un goût détestable.

Au sommet

Les koalas grimpent aux arbres pour atteindre les feuilles. Ils font partie de ces très rares animaux qui peuvent manger les feuilles d'eucalyptus – pourtant empoisonnées : ils savent décomposer ces poisons et les rendre comestibles.

Les eucalyptus ont deux types de feuilles, les jeunes et les adultes.

Les arbres à la flèche stockent l'eau dans leur tronc, leurs branches et leurs feuilles.

Champions de la survie

Dans la savane et les régions semi-désertiques de l'Afrique, seuls quelques arbres survivent. Les acacias traversent la saison sèche en perdant leurs feuilles. Les baobabs, les testudinaires pieds-d'éléphant et les arbres à la flèche utilisent l'eau qu'ils ont emmagasinée.

Les arbres de l'extrême

Lis-tu ces pages dans une forêt ? Non, sans doute. Mais il y a bien longtemps, il y avait des forêts presque partout. Bien qu'elles aient disparu, tu peux encore voir leurs anciennes limites – les endroits trop froids, trop secs ou trop exposés aux vents pour que les arbres puissent y vivre.

Rudes sommets
Lorsqu'ils arrivent à pousser sur des falaises ou sur des pentes montagneuses, les arbres sont souvent déformés et sculptés par le vent.

Dans les rochers
Le sorbier des oiseleurs est un arbre très robuste. Il pousse dans les fentes des rochers où des oiseaux mangeurs de baies laissent parfois tomber des graines.

La ligne des arbres
Quand tu gravis une montagne, tu parviens à une « ligne », généralement sinueuse, qui est constituée par les dernières rangées d'arbres.

En montagne, tu verras beaucoup de conifères : ils ne craignent pas le froid.

Arbres nains

Les plus petits de tous, les saules nains, poussent dans l'Arctique. Ils survivent dans ce rude climat en se serrant les uns contre les autres pour s'abriter du vent. Si tu te tiens à côté d'eux, ils ne t'arrivent qu'à la cheville.

Soufflé par le vent

Le genévrier est l'un des rares arbres à pouvoir vivre dans les montagnes désertiques de la sierra Nevada aux États-Unis. Le vent tue les bourgeons, et cet arbre ne pousse que sur les pentes abritées.

Les arbres du jardin

Le meilleur endroit pour observer des arbres n'est pas la campagne, mais la ville ! Tu y trouveras des centaines d'espèces différentes, venues parfois de pays lointains, dans les parcs et les jardins publics. Ils y ont été plantés pour leur beauté ou leur rareté.

Mouchoir ou colombe ?
Les grandes fleurs tombantes de l'arbre aux mouchoirs expliquent son nom. Mais les Anglais l'appellent aussi « l'arbre aux colombes ».

Arbres pleureurs
Comme les autres « pleureurs », ce frêne a de longues branches tombantes. Les arbres pleureurs ont été cultivés spécialement ; tu ne les verras que dans les parcs et les jardins, jamais à l'état sauvage.

Le hêtre pourpre est le plus grand des arbres à feuilles rouges.

L'arbre aux mouchoirs a des feuilles en forme de cœur.

Frêne pleureur

Fleur de cerisier

L'érable duveteux du Japon a des feuilles arrondies.

Fleurs merveilleuses

Les arbres fruitiers – cerisiers et pommiers par exemple – sont parfois cultivés pour leurs fleurs spectaculaires. Au Japon, des excursions spéciales sont organisées pour aller les admirer.

L'érable lisse du Japon a des feuilles étoilées et pointues.

L'érable du Japon

Les plus beaux arbres à fleurs viennent du Japon. C'est le cas du plus petit d'entre eux, l'érable du Japon. Il en existe deux espèces différentes que l'on reconnaît à la forme de leurs feuilles.

Le cerisier de Sargent a une floraison d'un rose intense.

Les peupliers d'Italie ressemblent à des cierges géants.

Les érables du Japon sont petits et inclinés.

Index

A

B

Cônes de cèdre

C

Coupe d'un bourgeon

Pommier

E

F

Feuilles de gingko

GH

Feuilles mortes

Fleurs de cytise
laburnum

REMERCIEMENTS

Dorling Kindersley tient à remercier :
Sharon Grant, Chris Legee et Wilfrid Wood pour la maquette.
Ted Green pour avoir fourni trois spécimens.
Royal Botanic Gardens de Kew pour avoir procuré des plantes tropicales.
Michele Lynch pour l'aide éditoriale et la recherche.
Jane Parker pour l'index.

Illustrations de :
Nick Hewetson,
Tommy Swahn,
Gill Tomblin.

Crédits photographiques
h = haut b = bas c = centre
g = gauche d = droite

Frank Blackburn : 25h, 35h, 39c, 48c, 48bd
Peter Chadwick : 28hg, 28cd, 38bg
Andy Crawford : 47
Phillip Dowell : 30bd, 43
Steve Gorton : 9c, 31hg
Ray Moller : 41
Kim Taylor : 34
Matthew Ward : 20, 48
Bruce Coleman Ltd. :
Jane Burton 40bd
Bob et Clara Calhoun 49c
Eric Crichton 9hd, 10d
John Fennel 45bd
Jeff Foott 54c
Jennifer Fry 47cg
Stephen Krasemann 16bd
J. Shaw 40hd
Michael Viard 24b
L. Gamlin : 12h
Oxford Scientific Films :
Earth Scenes/
Patti Murray 57c
Philip Sharpe 15hd
Tim Shepherd 36bg, 36 bd, 37bg, 37bd
Premaphotos : 10bg.